AF260015

OBSERVATIONS

ADRESSÉES

A MM. LES MEMBRES DE LA CHAMBRE

DU CONSEIL

DU TRIBUNAL DE PREMIÈRE INSTANCE D'ANGERS,

Dans l'intérêt de MM. Théodore et Louis de Quatrebarbes, Testu – Morteau, Auguste Myionnet, Burolleau, Henri de Maquillé, Pineau et autres inculpés de complot contre la sureté de l'état.

ANGERS.

DE L'IMPRIMERIE DE CHATEAU, RUE SAINT-AUBIN.

1833.

OBSERVATIONS

ADRESSÉES

A MM. LES MEMBRES DE LA CHAMBRE

DU CONSEIL

DU TRIBUNAL DE PREMIÈRE INSTANCE D'ANGERS,

Dans l'intérêt de MM. Théodore et Louis de Quatrebarbes, Testu - Morteau, Auguste Myionnet, Burolleau, Henri de Maquillé, Pineau et autres inculpés de complot contre la sureté de l'état.

L'instruction dirigée contre nous doit enfin toucher à son terme. Nos déclarations franches et consciencieuses confirmées en tout point par les investigations de la justice, ont dû mettre chacun à même d'apprécier désormais, à sa juste valeur, cette singulière conspiration qui a causé au pouvoir des terreurs inattendues : la presse royaliste de Paris, en annonçant que le 29 septembre était le jour de la majorité du duc de Bordeaux, avait engagé au sçu et et au vu du gouvernement, les légitimistes de la France à désigner, dans chaque province, des députés chargés d'aller offrir au jeune prince, à l'occasion de ce grand événement politique, leurs félicitations et leurs hommages :

de toutes parts cet appel avait été entendu , les noms d'un grand nombre de mandataires avaient été publiés , les présens dont ils devaient être porteurs étaient indiqués , l'autorité savait tout, elle eut le bon esprit de ne pas s'effrayer d'abord , des plaisanteries plus ou moins heureuses dirigées contre ce qu'on appelait le *voyage sentimental* de Prague , furent les seules armes à l'aide desquelles on essaya de déverser la dérision sur le pieux pélérinage vers l'asile de l'innocence et du malheur : les légitimistes de l'Anjou voulurent aussi nommer leurs représentans. Une réunion eut lieu , à cet effet , le 11 septembre dernier , sur les 7 heures du soir, à l'hôtel de M. Théodore de Quatrebarbes, place de l'Académie de cette ville ; 150 personnes , à peu près, se trouvèrent à l'assemblée , toutes y avaient été convoquées. Cinq d'entre nous furent élus, des passeports leur furent accordés deux jours après, par M. Barthélemi, préfet de Maine et Loire, et cependant cet administrateur n'ignorait ni la réunion , ni son objet. Les jeunes députés , confians dans la loyauté des hommes du pouvoir, partent donc , sous la protection commune , pour accomplir leur message. A peine arrivés à Strasbourg, ils sont arrêtés , fouillés et jetés en prison ; une dépêche télégraphique avait ordonné cette mesure rigoureuse ; la copie du procès-verbal de la séance est trouvée sur l'un d'eux, vîte le télégraphe, mis en jeu de nouveau, signale à la France la saisie de *pièces importantes* et la découverte, non pas d'un complot dont le but aurait été seulement de déplacer le pouvoir et de restituer la couronne à la branche qui depuis plusieurs siècles la porte héréditairement , mais un crime de *haute* trahison, un attentat pour exciter les Français à la guerre civile, pour armer les citoyens les uns contre les autres, c'est-à-dire qu'après avoir jeté la flamme incendiaire au foyer domestique, nous voulions voir Rome brûler et nous applaudir! Cependant le juge d'instruction de Strasbourg, préoccupé de l'amour de ses devoirs bien plus que des signaux du télégraphe, après un mûr examen des pièces saisies et l'interrogatoire des inculpés, refusa de décerner un mandat de dépôt, et son ordonnance fut confirmée par la chambre du conseil du même tribunal qui ordonna la mise en liberté des détenus ; le procureur du roi forma opposition à cette ordonnance et la cour royale de Colmar allait la sanctionner, lorsqu'une lettre de M. le garde-des-sceaux, visée dans l'arrêt, modifia l'opinion hautement manifestée des magistrats qui renvoyèrent les jeunes prisonniers, sous mandat de dépôt devant M. le juge d'instruction d'Angers; c'est par suite de cette décision, qu'après un voyage pénible de 17 jours et de deux cents lieues, ils ont été écroués à la maison d'arrêt, sous la prévention de complot contre la sûreté de l'état.

En règle générale les délits du cœur échappent à la puissance humaine, les résolutions les plus coupables sont affranchies de l'action de la loi, non pas précisément, parce que la loi ne peut jamais les connaître, mais parce qu'il n'est pas dans sa mission de les punir. La loi se propose de faire régner l'ordre et laisse à une autorité plus élevée le soin d'éclairer et de juger les consciences; non-seulement la pensée coupable n'est rien pour le législateur, mais cette pensée peut sans danger se manifester par des actes extérieurs, si ces actes n'ont pour objet que des préparations qui ne sont encore ni le délit, ni la tentative du délit. Toutefois des raisons que tout le monde comprend sans peine , ont voulu , que par exception et lorsqu'il s'agit de complot contre la sûreté de l'état, le droit commun fût soumis à des modifications essentielles ; on a pensé qu'il fallait atteindre avant le combat un crime absous par la victoire ; que les gouvernemens menacés devaient s'empresser de trouver un coupable dans le conspirateur, de peur d'y rencontrer un maître (1); toutefois, le législateur a compris le besoin de déterminer les conditions dans lesquelles devrait se trouver la pensée pour tomber sous l'action de la loi. Le complot doit avoir pour but , soit la vie, soit la personne du roi, soit la constitution du royaume, c'est-à-dire , un but spécial et déterminé ; il n'y a complot que lorsqu'il y a résolution : *résolution concertée, résolution arrêtée ;* alors il y a crime que la loi punit de la détention à temps. Pourrait-on bien en sûreté de conscience trouver à ces vérités une application directe et légale à la cause qui nous concerne ? la base de la poursuite , c'est le procès-verbal saisi à Strasbourg , or il ne pourrait y avoir ni convenance ni loyauté , à chercher dans cette pièce autre chose que ce qu'elle renferme , on ne peut ni l'étendre ni la modifier, il faut la prendre entière ou la rejeter toute entière. Voici au surplus ce qu'elle constate : « Un grand » nombre de légitimistes accourus de tous les points du » département, se sont réunis dans un local désigné à cet » effet, pour choisir parmi eux des députés chargés d'aller » à Prague faire connaître à Henri V, à l'occasion de sa » majorité , *les vœux et les espérances* de la jeunesse roya- » liste de l'Anjou , etc. » Que résulte-t-il de cette réunion dont l'objet a été exprimé dans ce procès-verbal, c'est qu'une résolution a été *formée et arrêtée* , non pas de dé-

(1) Paroles de **M.** Hennequin.

(5)

truire le gouvernement établi, non pas *une résolution d'a-gir*, mais *une résolution d'aller à Prague offrir des vœux et des espérances ?* Eh bien ! nous le proclamons à l'honneur de notre époque, il n'est pas un homme de conscience qui puisse apercevoir un complot dans une si louable inspiration du cœur ; serait-ce en effet dans un siècle témoin de tant de révolutions qui a vu des dynasties renversées en trois jours et les conspirateurs de toutes les époques élevés au pouvoir, serait-ce dans ce siècle où il n'y a d'ennemis politiques que sur le champ de bataille, qu'un arrêt déciderait que l'espérance est criminelle et le culte du malheur une insigne félonie ? De vieux soldats de Napoléon pourront en public verser des larmes sur la mort de son fils et nous que de semblables liens attachent à d'autres infortunes, nous ne pourrions aller bénir cet autre orphelin que nous avons perdu ! Non, il n'en peut être ainsi ; ce n'est pas en France que l'on oserait dire : arrière la pitié et l'honneur, arrière la reconnaissance et tous les sentimens généreux. On ne manquera pas de nous dire encore, comme on l'a déjà fait à l'un de nous dans son interrogatoire : Mais qu'eût fait la restauration si l'on eût envoyé des députés au fils de Napoléon ? objection mesquine qui décèle tout l'embarras de l'accusation ! La réponse a déjà été faite, la Restauration eût loyalement refusé les passeports, différente en cela des fonctionnaires qui nous délivraient un *laissez passer* alors qu'ils donnaient en même temps par le télégraphe, l'ordre de nous arrêter à la frontière (1). Sous la

(1) MM. Myionnet, Henri de Maquillé, Burolleau et Pineau, ont fait viser leurs passeports au ministère des affaires étrangères ; à peine descendus de la diligence à Strasbourg, ils ont été arrêtés.

M. Louis de Quatrebarbes est parti de Paris quatre jours après ses compagnons de voyage, il a pris son passeport à la préfecture de police, il a été également arrêté à son arrivée à Strasbourg.

restauration, les magistrats puisaient comme ceux d'aujour-
d'hui , leurs obligations dans leur conscience et dans la loi ,
sous la restauration on n'eût pas songé, (aujourd'hui on ne
le voudra pas davantage) considérer comme un complot
contre l'état , un voyage ayant le but exclusif de manifester des vœux et des espérances ! Lorsque nous proclamons la loyauté de la restauration , nous n'annonçons
rien qui ne soit justifié par des souvenirs encore récens ;
nous nous rappelons tous en effet cette vaste affiliation
qui renfermant l'Europe dans un réseau trop bien tissu ,
se proposait , disait-elle , de veiller à la liberté des peuples.

Le carbonarisme, cette combinaison profondément hostile
au droit politique né de la restauration , le carbonarisme qui
constituait en France une conspiration permanente , et qui
comptait parmi ses membres M. Barthe , aujourd'hui ministre
de la justice , ne formait pas une association punissable ; c'est
ce qui résulte d'une correspondance de 1822, établissant que
le ministère d'alors ne jugea pas qu'il y eût lieu de traduire
les carbonari devant les tribunaux (1) : et, dans la vérité, de
quel délit le carbonarisme était-il coupable ? coupable de ses
pensées sans doute ; mais les pensées , mais les espérances et
les vœux ne sont criminels que lorsqu'ils sont entrés dans les
conditions constitutives du complot ou de l'attentat. Voilà
sans doute un exemple d'un profond respect pour la loi ,
tout le monde peut en vérifier l'exactitude; or, nous le croyons,
ce qui était vrai jusqu'en 1830 , est vrai sous l'empire des
idées que la révolution de juillet a introduites dans notre
droit politique.

On nous a encore demandé , dans notre interrogatoire , si

(1) Voir le réquisitoire de M. de Marchangy , dans l'affaire de la
Rochelle.

le but de la réunion n'avait pas été d'envoyer des députés chargés d'aller reconnaître Henri V comme roi de France.

Non, une mission pareille n'a point été donnée et ne pouvait pas l'être; l'admettre un instant serait nous supposer par trop d'ingénuité : si nous eussions été des conspirateurs , c'était la destruction du gouvernement actuel qu'il nous eût fallu tenter d'abord , le trône de Louis-Philippe devait être le point de mire de tous nos coups, il fallait détruire avant de reconstituer ; et, eût-on même donné à cinq d'entre nous le mandat d'aller saluer *à Prague* Henri V du titre du roi de France , ce que nous nions positivement, il n'y aurait là rien que de très-inoffensif, rien qui pût tomber sous l'action directe de la loi; puisque, encore une fois, il eût fallu une *résolution arrêtée et concertée d'agir* pour le ramener sur le trône de France.

Mais, nous a-t-on dit encore , si 100,000 Français étaient allés à Prague et en fussent revenus avec Henri V à leur tête, n'y aurait-il pas là un complot ?

Cette objection n'est pas même spécieuse; car c'est résoudre la question par la question : si 100,000 Français étaient allés à Prague, il faudrait démontrer , pour les poursuivre , qu'ils y sont allés avec une *résolution arrêtée et concertée d'avance* de détruire le gouvernement établi et d'y substituer celui de Henri V , car nous ne connaissons pas de loi qui ait classé au nombre des actes constitutifs du complot, la simple action d'aller à Prague. Mais pourquoi donc se créer des chimères et des fantômes tandis que nous pouvons raisonner sur des réalités ? Le juge ne doit s'occuper que de ce qui est, ce qui eût pu arriver, n'est pas de son domaine ; ce ne sont pas 100,000 Français, mais bien 2 ou 300 qui sont allés à Prague ; ils ont harangué le jeune prince qui leur a répondu ; ils ont fait ce que nous avions le projet de faire nous-mêmes; ils sont rentrés paisiblement en France, ils n'ont point été inquiétés ; et nous seuls avons le funeste privilége d'une poursuite. Y a-t-il eu un complot, peut-on arriver à cette pensée par le récit publié de ce qui s'est dit et fait à la cour des princes exilés ? Non, certainement ; que devient alors l'objection ?

Nous sommes légitimistes, sans doute, parce que nous voyons dans la légitimité un haut principe de stabilité, une garantie d'ordre, un frein aux passions et aux rivalités des hommes ; nous tenons à la légitimité par les mêmes considérations qui nous font tenir à la puissance paternelle et à tous les droits de la famille ; la légitimité, pour nous, c'est encore le lien de la société politique qui n'a jamais été rompu sans voir le sol trembler et des maux innombrables couvrir notre patrie.

Jeunes encore, pour la plupart, pleins d'enthousiasme et d'espérances, notre génération puissante de conviction, est invinciblement défendue par son âge contre d'injurieuses suppositions, elle défie les souvenirs du passé, et, pure de tout reproche, elle marche avec une noble ardeur à la conquête de l'avenir; nous ne voulons pas imposer nos opinions, mais nous ne craignons pas de les montrer au grand jour, nous ne voulons pas réaliser nos doctrines par l'anarchie ; amis de l'ordre, soumis aux lois, nous désavouons les émeutes et les conspirations inspirées par des motifs d'intérêt personnel ou des passions mauvaises, nous savons, comme dit Pascal : « que la violence et la vérité sont deux puissances » qui n'ont aucune action l'une sur l'autre ; que la vérité ne » gouverne pas la violence, et que la violence ne sert jamais » utilement la vérité. »

La procédure ne nous a point été communiquée, elle a été secrète jusqu'à ce jour, elle a dû l'être ; mais la forme des questions qui nous ont été adressées, nous fait craindre

que le ministère public , en désespoir de cause , ne veuille
au moins poursuivre M. Th. de Quatrebarbes , pour le discours qu'il a prononcé à la réunion. Si des conclusions
étaient prises à cet égard , elles ne pourraient soutenir sé-
rieusement l'examen. En effet , prétendrait-on que la phrase
finale de ce discours : *Madame , votre fils est mon roi* , le
rend punissable comme séditieux? Ce serait, nous le croyons,
une erreur ; chaque citoyen a la faculté d'exprimer ses opinions , ses vœux et ses espérances , de tenter par la discus-
sion de ses doctrines , la conquête des opinions individuelles
et de les faire adopter par la majorité du pays. M. Persil ,
comme pour résumer ce droit , s'exprimait ainsi à la chambre des députés , dans la séance du 7 août 1830 « On
» propose de supprimer le préambule de la charte : ce n'est
» pas assez , il faut proclamer le principe contraire et en
» faire la base du droit public : il faut dire qu'au peuple
» seul appartient la souveraineté ; il faut le dire pour légi-
» timer la transmission de la couronne ; il faut que le
» préambule soit composé de ces articles de la constitution
» de 91 : La souveraineté appartient à la nation , elle est
» inaliénable et imprescriptible... C'est la base sur laquelle
» vous vous appuyez , ayez le courage de la proclamer. »
Dans le procès de M. de Kergorlay, M. Persil disait encore à la chambre des pairs, le 22 novembre 1830 :
« Par suite de cette souveraineté populaire , la France
» était rentrée dans le droit de se choisir un chef et de lui
» dicter les conditions sous lesquelles elle consentait à le
» mettre à sa tête. Voilà le droit en vertu duquel le roi a
» été élu et la charte rectifiée ; droit imprescriptible sous
» l'empire duquel toutes les nations se sont formées et
» qu'elles ne peuvent perdre en vieillissant. »

Ainsi, aujourd'hui toutes les doctrines peuvent avoir leurs partisans ; sous la dynastie des Bourbons, la royauté était un droit supérieur à la volonté du peuple, mais sous le gouvernement actuel qui a pour principe la volonté nationale, il n'y a réellement que des conspirations, des attentats matériels qui peuvent être regardés comme contraires à la constitution. Partout ailleurs il n'y a que des opinions, et toutes les opinions doivent être respectées, car elles sont des élémens nécessaires de la volonté nationale. Aux yeux de l'homme sage, les doctrines politiques peuvent être des erreurs que l'opinion publique seule est appelée à contrôler, ce ne sont jamais des crimes et des délits contre lesquels le glaive de la justice doive se diriger. Mais le discours de M. de Quatre-barbes, en supposant que l'on persistât à l'incriminer, ne pourrait être punissable, que s'il avait été prononcé dans un *lieu ou une réunion publics*; or, sa maison n'est point un lieu public, la réunion ne l'a pas été davantage, car nous l'avons déjà fait observer, toutes les personnes présentes y avaient été convoquées. Voudrait-on prétendre, par une argumentation de greffe, une subtilité de palais, que la réunion avait une sorte de publicité, parce que, selon la déclaration d'un témoin, la porte de l'hôtel était ouverte? Nous dirions : Une réunion publique est celle à laquelle, légitimistes, philippistes, républicains, peuvent assister; or, quel était le but de la réunion du 11 septembre? de choisir des legitimistes pour accomplir le mandat que nous avons déjà indiqué. Serait-il donc raisonnable d'admettre que des hommes d'une opinion opposée eussent pu concourir à un pareil mandat? Certainement, si une personne à principes contraires aux sentimens politiques de l'assemblée, se fût présentée, elle n'y eût pas été reçue. Non, encore une fois, cette réunion n'avait aucun ca-

(11)

caractère de publicité , tout s'est passé dans le secret du foyer domestique , les portes et les fenêtres du salon étaient soigneusement fermées , et un témoin entendu dans l'information, a dû déclarer que , placé à la porte de la maison , il ne l'ouvrait qu'à ceux qui sonnaient et demandaient M. Théodore de Quatrebarbes; d'ailleurs , il ne s'agit pas en définitive de savoir si la réunion *pouvait être publique* , il faut examiner *si elle l'a été réellement*. Eh bien! le discours a-t-il été entendu du dehors , des personnes non invitées se trouvaient-elles au salon? C'est à l'accusation de l'établir , le prévenu n'est pas chargé de prouver son innocence , c'est au ministère public à démontrer sa culpabilité; la loi ne punit pas la possibilité d'un délit , elle ne peut et ne doit le réprimer que lorsqu'il est accompli.

Nous bornons là nos observations , les considérations qu'elles renferment ont été plutôt indiquées que développées , mais les lumières et l'impartialité des magistrats appelés à les apprécier , suppléeront à leur insuffisance ; subitement poursuivis , l'on nous aura inutilement calomniés , nous attendons avec une sécurité complète le résultat de cette affaire; la raison publique comprendra tout ce qu'il y a de sacré dans l'affection , tout ce qu'il y a de libre dans la pensée; notre sort ne peut plus être douteux , car nous croyons à la loyauté , à l'indépendance et à l'honneur de nos juges.

Angers, le 29 octobre 1833.

Th. de Quatrebarbes, Louis de Quatrebarbes, Testu-Morteau, Burolleau, Aug. Myionnet, Henri de Maquillé, Pineau,

V. Gain, Avocat.